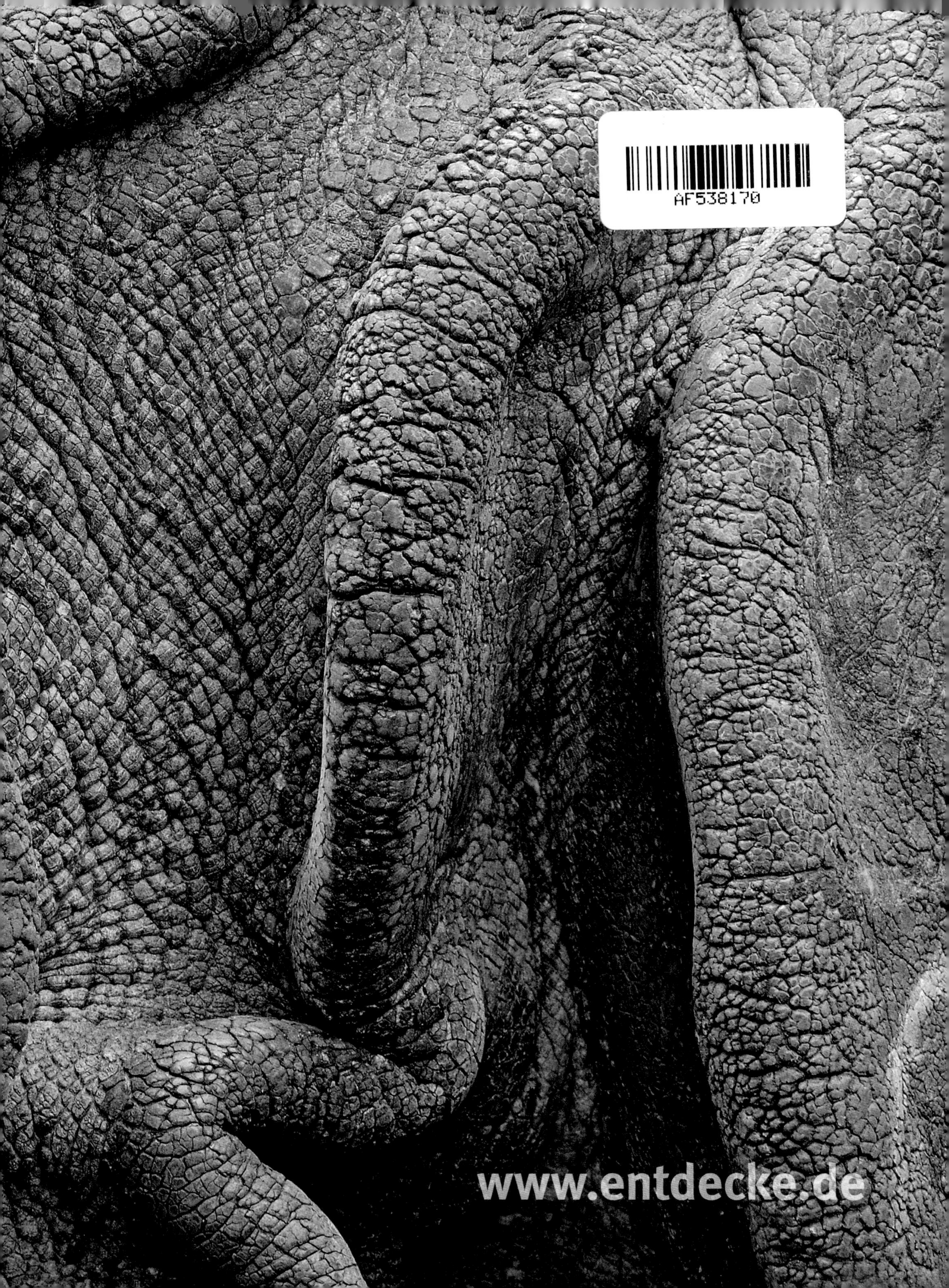
www.entdecke.de

Entdecke die Nashörner

Thomas & Agnes Wilms

Titelbild: Nashörner zählen zu den imposantesten Tieren unserer Erde
Rückseite: Sind junge Nashörner nicht putzig?
Vorsatz: Haut des Panzernashorns
Seite 1: Junge Nashörner sind ganz schöne Racker!

ISBN: 978-3-86659-412-8

An der Kleimannbrücke 39/41
48157 Münster
Tel.: 0251-13339-0
Fax: 0251-13339-33
E-Mail: verlag@ms-verlag.de
Home: www.ms-verlag.de
Geschäftsführung: Matthias Schmidt
Layout: Agneta Becker
Lektorat und Bildredaktion: Kriton Kunz
Druck: Alföldi, Debrecen

Titelbild: Shutterstock: Thierry Eidenwei
Rückseite: Arco Digital Images: FLPA
Vorsatzpapier: Arco Digital Images: C. Hütter

Arco Digital Images
S. 2/3: Anette Mossbacher
S. 18 unten links: Egmont Strigl
S. 21 links: C. Hütter
S. 25 unten: P. Wegner
S. 28 unten: Stephen Belcher
S. 28/29: Stephen Belcher
S. 30 unten: Minden Pictures
S. 30/31: Stephen Belcher
S. 32 unten: Uwe Skrzypczak
S. 32/33: Richard Du Toit
S. 37 unten links: Suzi Eszterhas
S. 38: Richard Du Toit
S. 44: Arco Digital Images
S. 48/49: Yva Momatiuk & John Eastcott
S. 57 links: Arco Digital Images
S. 61 oben: Minden Pictures

mauritius images
S. 1 YAY Media AS/Alamy
S. 16 oben links: Old Visuals
S. 16 oben rechts: UtCon Collection/Alamy
S. 16 unten links: Alistair Scott/Alamy
S. 16 unten rechts: United Archives/Nature
S. 19 oben mitte: Jeremy Cozannet/Alamy
S. 21 rechts: Robert M. Vera/Alamy
S. 53 unten: Minden Pictures/Suzi Eszterhas
S. 55 unten rechts: Minden Pictures/Suzi Eszterhas
S. 57 unten rechts: mauritius images/Snap2Art/Alamy

shutterstock
S. 4/5: HAWK Photography NAMIBIA
S. 7 oben links: sportoakimirka
S. 7 oben rechts: Aleksander Bartnikowski
S. 8: Thomas Lenne
S. 9 rechts: Mazur Travel
S. 9 oben rechts: MK photograp55
S. 10/11: Tamara Didenko
S. 12 links: Ralf Juergen Kraft
S. 12 rechts: Tiere/Tierwelt, Natur
S. 12/13 oben: Anatolir
S. 12/13 rechts: pzAxe
S. 14: Daniel Eskridge
S. 16/17 mitte: Triff
S. 18 oben links: Jiri Balek
S. 18 oben rechts: Amy Nichole Harris
S. 18/19 mitte: Yulia She
S. 19 oben links: J. NATAYO
S. 19 oben rechts: ylq
S. 19 mitte: ThomasLENNE
S. 19 mitte: hadot 760
S. 20: Etienne Outram
S. 21 mitte: Arcady
S. 22 oben links: Zastolskiy Victor
S. 22 oben rechts: Etienne Oosthuizen
S. 22/23: JONATHAN PLEDGER
S. 24 links: RealityImages
S. 24/25: Elymas
S. 26 links: Alan Jeffery
S. 26/27 mitte hinten: Andrey_Kuzmin
S. 26/27 mitte vorne: Alan Jeffery
S. 27 rechts: GUDKOV ANDREY
S. 29 oben rechts: Elymas
S. 31 oben rechts: Elymas
S. 33 rechts: Ferry Tomasowa
S. 33 oben rechts: Elymas
S. 34: Reinhold Leitner
S. 35 oben rechts: Elymas
S. 36: GUDKOV ANDREY
S. 36 unten rechts: MarcIlSchauer
S. 37 rechts: Olhastock
S. 39: Vladimir Wrangel
S. 40/41: Lance van de Vyver
S. 42 oben: Eric Isselee
S. 42 unten: Wonderly Imaging
S. 43: Lance van de Vyver
S. 44/45: Andrew Molinaro
S. 46/47: JMx Images
S. 47 oben: Anya Newrcha
S. 50 oben links: GUDKOV ANDREY
S. 50 oben rechts: Sporto8
S. 50/51 oben: Eric Isselee
S. 52: Yogentlebigfoot
S. 54: Anav
S. 54/55: photographyfirm
S. 55 unten links: photographyfirm
S. 58/59: Fiona Ayerst
S. 60/61: Romrodphoto
S. 63: J. NATAYO
S. 64: Maggy Meyer

iStock
Seite 6/7: Utopi_88

juniors@wildlife
S. 56 unten: Harvey, M./juniors@wildlife

Inhaltsverzeichnis

Willkommen in der Welt der Nashörner!

Wir freuen uns sehr, dass Du Dich für dieses spannende Buch über Nashörner entschieden hast! Zusammen mit der schlauen Eule Xabi werden wir alles Wissenswerte über diese großartigen Tiere entdecken – zum Beispiel, wozu Nashörner ihr „Nasenhorn“ brauchen, wo sie leben, wovon sie sich ernähren, wie sich untereinander verständigen und warum sie Leibwächter brauchen.

Diese und viele weitere spannende Themen werden wir gemeinsam untersuchen. Komm also mit auf eine spannende Reise in den Fußstapfen der Nashörner!

Was sind Nashörner doch für beeindruckende Kraftpakete!

Zoologische Namen

Zoologen, also Tierkundler, geben jeder Art einen wissenschaftlichen Namen. Diese Namen sind meist lateinischen Ursprungs oder bestehen aus Begriffen anderer Sprachen, die latinisiert, also der lateinischen Sprache angepasst werden.

Die Namen bestehen aus zwei oder drei Wörtern, von denen das erste groß und das zweite und dritte immer klein geschrieben wird. Das erste Wort benennt die Gattung, zu der das Tier gehört – beispielsweise zählen das Panzernashorn und das Java-Nashorn zur Gattung *Rhinoceros*. Das Panzernashorn heißt wissenschaftlich *Rhinoceros unicornis*, das Java-Nashorn *Rhinoceros sondaicus*.

Schon am wissenschaftlichen Namen kann der Zoologe also sehen, dass die beiden Nashornarten näher miteinander verwandt sind als etwa mit dem Spitzmaulnashorn (*Diceros bicornis*), das einen anderen Gattungsnamen führt.

Wenn es in einer Art Unterarten gibt, dann werden diese mit einem dritten Namensteil benannt – eine Unterart des Java-Nashorns beispielsweise heißt *Rhinoceros sondaicus annamiticus*.

Ein Horn zu viel

Die verschiedenen Nashornarten haben normalerweise nur ein oder zwei Hörner auf dem Nasenrücken. Es gibt jedoch manchmal Nashörner, die ein Horn mehr besitzen als für die Art üblich. Dieses Horn kann auch an ungewöhnlichen Stellen auftreten, etwa auf der Schulter!

Ganz schön schnell!

Allgemein wirken Nashörner in ihren Bewegungen eher schwerfällig und klobig. Daher ist umso überraschender, dass Nashörner erstaunlich schnell laufen können. Auf kurzen Strecken erreichen sie im federnden Galopp eine Geschwindigkeit von bis zu 55 Kilometern pro Stunde. Zum Vergleich: Ein Weltklasse-Sprinter erreicht im 100-Meter-Lauf eine maximale Geschwindigkeit von etwa 40 Kilometern pro Stunde – ein Nashorn würde also locker vorbeiziehen. Dabei können die Nashörner erstaunlich flink die Richtung wechseln. Die Tiere bevorzugen jedoch eher den gemächlichen Gang!

Typisch Nashorn

Nashörner sind urtümliche, große Säugetiere. Sie zeichnen sich je nach Art durch ein oder zwei auffällige Hörner auf der Vorderseite des Kopfes aus. Das brachte die alten Griechen dazu, den Tieren den Namen „rhinokeros" zu geben. Übersetzt bedeutet es nichts anderes als Nashorn. Manchmal sagt man auch im Deutschen noch „Rhinozeros" zu diesen Tieren.

Die Anzahl der Hörner bei einer bestimmten Nashornart ist immer gleich. So haben das Spitzmaulnashorn, das Breitmaulnashorn und das Sumatra-Nashorn stets zwei Hörner, wobei das zweite, hintere Horn oft kleiner als das vordere ist. Nur ein Horn dagegen besitzen Panzernashorn und Java-Nashorn.

Das Innere des Horns ist kompakt und sehr hart, während die Oberfläche eher eine faserige Beschaffenheit aufweist. Die Hörner wachsen, solange das Nashorn lebt. Sie nutzen sich aber zugleich ab, wenn die Tiere sie beispielsweise an Stämmen oder Steinen reiben. Da das Horn ständig eingesetzt wird, weist es bei jedem Nashorn eine ganz eigene Form auf.

Das Charakteristischste an Nashörnern sind natürlich ihre Hörner, wie hier beim Breitmaulnashorn

Horn

Das Horn besteht aus Keratin, aus dem gleichen Material also wie Deine Finger- und Zehennägel sowie Dein Haar – oder wie Schnabel und Federn der cleveren Eule Xabi!

Tierische Namensdiebe

Nashornviper, Nashornkäfer, Nashornvogel und viele weitere Tiere gibt es, die die Bezeichnung „Nashorn" in ihrem Namen tragen. Wenn Du solche Namen hörst, kannst Du Dir sicher schon in etwa ein Bild machen, wie diese Tierarten aussehen könnten. So markant ist also das Merkmal des Nashorns, dass es zur Beschreibung anderer Tierarten dient.

Insgesamt existieren heute noch fünf Arten von Nashörnern: Spitzmaulnashorn und Breitmaulnashorn leben in Afrika, Panzernashorn, Sumatra-Nashorn und Java-Nashorn in Asien.

Die Nashornarten besiedeln verschiedene Lebensräume und unterscheiden sich auch in ihrer Lebensweise. Während die afrikanischen Arten überwiegend Savannen und andere offene Lebensräume bewohnen, bevorzugt das Panzernashorn neben offenem Grasland auch Sumpflandschaften. Sumatra-Nashorn und Java-Nashorn leben vor allem in dichten, tropischen Regenwäldern und Bergwäldern.

Aber auch beispielsweise die Füße sind für Nashörner typisch

Stammesgeschichte der Nashörner – überraschende Verwandte

Was glaubst Du: Welche Tiere könnten mit den Nashörnern am nächsten verwandt sein? Rate mal!

Nashörner gehören zu den Huftieren, und zwar genauer gesagt zu den Unpaarhufern. Somit sind Pferde sowie Tapire ihre engsten Verwandten. Hättest Du das gedacht?

Die gemeinsamen Wege der Vorfahren von Pferden, Tapiren und Nashörnern trennten sich vor vielen Millionen Jahren, und die unterschiedlichen Verwandtschaftslinien entwickelten sich zu den Tierarten, die heute leben.

Hättest Du gedacht, dass Pferde sehr nah mit Nashörnern verwandt sind?

Nicht alle Tiere, die Nashörnern ähnelten, waren auch mit ihnen verwandt. Die Arsinoitherien beispielsweise, die vor 41 bis 24 Millionen Jahren lebten, standen Seekühen und Elefanten nahe.

41 Millionen Jahre vor Christus

Megacerops lebte vor etwa 38 bis 33,9 Millionen Jahren und war als Unpaarhufer eng mit den Pferden verwandt, etwas weitläufiger mit den Nashörnern

Auf dem Weg zu den heutigen Arten entstanden zwar unzählige weitere, die aber im Lauf der Jahrmillionen wieder ausstarben und durch neue Arten ersetzt wurden, die besser an die sich wandelnde Umwelt angepasst waren. Diejenigen Nashornarten, die heute noch leben, sind daher die letzten Vertreter einer Tiergruppe, die in der Vergangenheit weit verbreitet und artenreich war. Die Entstehung der Familie der Nashörner lässt sich etwa 40 bis 50 Millionen Jahre zurückverfolgen. Während Nashörner heute nur noch in Afrika und Asien verbreitet sind, waren sie früher auch für weite Teile Nordamerikas und Europas typisch. Selbst auf dem Gebiet des heutigen

Knochen

Insgesamt wurden bis heute mehrere hundert ausgestorbene Nashornarten als Fossilien gefunden, also als versteinerte Knochen, und von Wissenschaftlern beschrieben. Das Besondere daran ist, dass es unter diesen Arten viele gibt, die gar keine Nasenhörner getragen haben. Dass sie trotzdem zu den Nashörnern zählen, erkennen die Wissenschaftler an ihrem Körperbau.

Das Schabrackentapir und fünf weitere Tapirarten sind heute noch lebende Verwandte der Nashörner

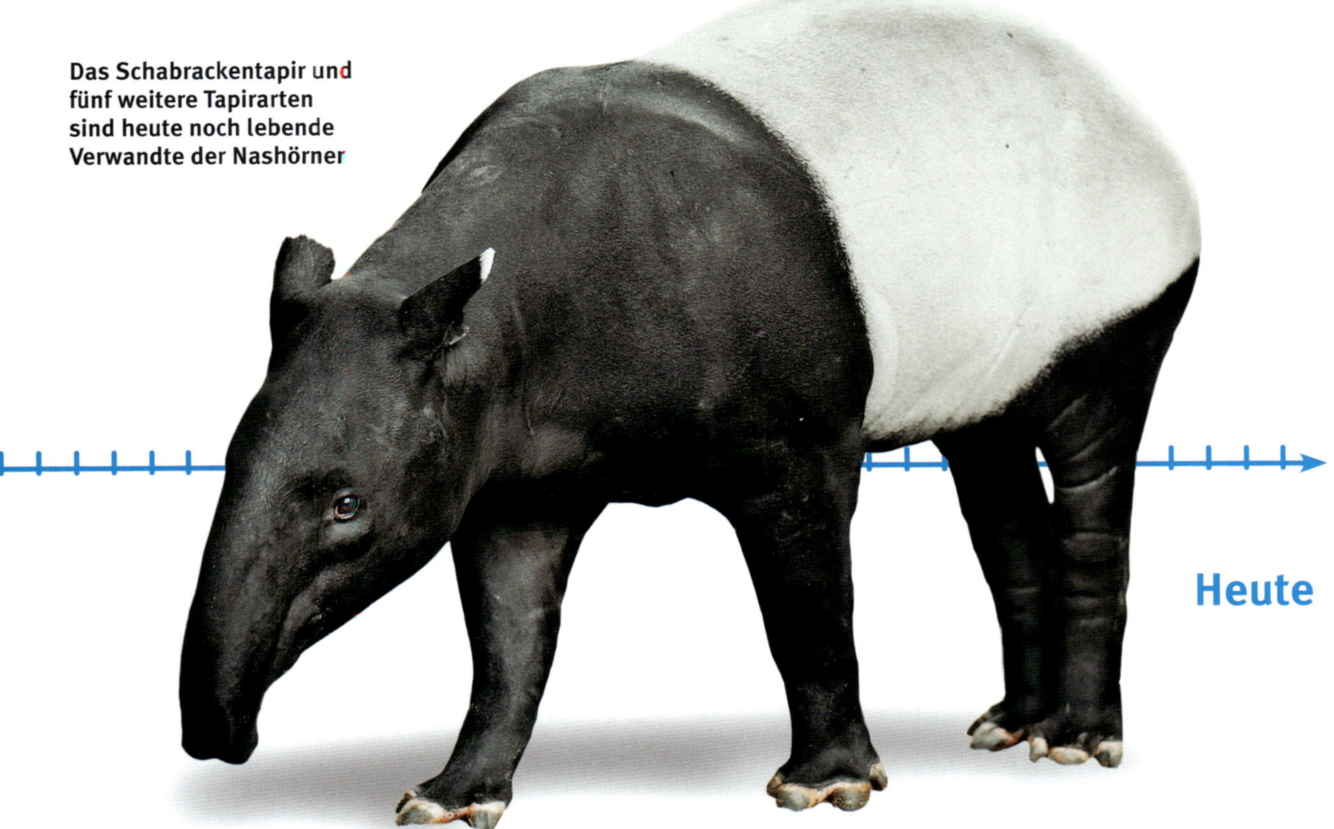

Heute

Deutschlands also stampften früher Nashörner durch ihre Lebensräume – kannst Du Dir das vorstellen?

Die Körpergröße der ausgestorbenen Nashörner war äußerst unterschiedlich – die kleinsten Arten waren nur etwa so groß wie ein mittelgroßer Hund. Es gab jedoch auch Riesen wie *Elasmotherium caucasicum*, das knapp über fünf Meter Körperlänge und ein Gewicht von etwa 5 000 Kilogramm erreichte. Zum Vergleich: Das größte heutige Nashorn, das Breitmaulnashorn, kommt „lediglich“ auf eine Körperlänge von etwa 3,8 Metern und ein Gewicht bis zu 3 600 Kilogramm.

Die bekannteste ausgestorbene Nashornart ist sicherlich das Wollnashorn. Diese Art lebte vor allem in den eiszeitlichen Steppen Mitteleuropas und Ostasiens. Ihr gesamtes Verbreitungsgebiet reichte damals jedoch von der koreanischen Halbinsel in Asien bis nach Spanien im Westen Europas. Das Wollnashorn war an kalte Lebensräume angepasst. Du erkennst das beispielsweise an dem dichten Fell des Tieres. Es bestand aus einer dichten Unterwolle, über der lange Deckhaare wuchsen.

Das Wollnashorn lebte in der Eiszeit auch im heutigen Mitteleuropa, also sozusagen vor unserer Haustür. Es starb erst vor rund 10 000 Jahren aus.

Diese Art ist recht gut untersucht, da Wissenschaftler nicht nur eine große Anzahl fossiler Knochen gefunden haben, sondern auch praktisch vollständig erhaltene Tiere in dauerhaft gefrorenem Boden. Diese Nashörner waren also seit tausenden von Jahren tiefgefroren!

Unsere Vorfahren in der Eiszeit jagten das Wollnashorn. Sie haben uns Abbildungen von Wollnashörnern und anderen Tieren in ihren Höhlen hinterlassen. Das Wollnashorn starb vor etwa 10 000 Jahren aus.

Von Albrecht Dürer (rechts) stammt diese berühmte Darstellung (links) eines Nashorns

Die Entdeckungsgeschichte der Nashörner

Dass es auf der Welt Nashörner gibt, ist in Europa schon sehr lange bekannt – auch wenn in der Vergangenheit wohl die wenigsten Menschen jemals ein Nashorn selbst zu Gesicht bekommen haben. Zum einen gab es jedoch Felszeichnungen eiszeitlicher Menschen, zum anderen lasen Gelehrte etliche Überlieferungen griechischer und römischer Geschichtsschreiber, in denen das geheimnisvolle Tier „Nashorn" erwähnt wurde. Darüber hinaus existiert ein Mosaik aus dem 3. Jahrhundert nach Christus in der Römischen Villa von Casale auf Sizilien, das zeigt, wie in Ägypten ein Nashorn gefangen wird.

Das erste Nashorn, das in der Neuzeit nach Europa gebracht wurde, erreichte im Jahre 1515 die Stadt Lissabon. Es handelte sich um ein Panzernashorn. Dieses Tier diente dem berühmten deutschen Künstler Albrecht Dürer als Vorlage für seinen Holzschnitt „Rhinocerus" – der wohl bekanntesten Abbildung eines Nashorns in der Kunstgeschichte. Verblüffend ist, dass Dürer das Nashorn wohl nie selbst gesehen hatte, sondern seinen Holzschnitt aufgrund von Beschreibungen und Vorlagen eines unbekannten Künstlers anfertigte.

Diese Darstellung eines Nashorns wurde vor Urzeiten im südlichen Afrika in eine Felswand geritzt

Schon die alten Römer kannten Nashörner

Das Ostafrikanische Spitzmaulnashorn ist eine Unterart des Spitzmaulnashorns, …

… ebenso wie das Südzentralafrikanische Spitzmaulnashorn

Die wissenschaftliche Erforschung der Nashörner begann mit der Beschreibung des Panzernashorns als *Rhinoceros unicornis* und des Spitzmaulnashorns als *Rhinoceros bicornis* durch den schwedischen Naturforscher Carl von Linné im Jahr 1758. Dieser Forscher ging noch fälschlich davon aus, dass beide Arten aus Indien stammen und sich nur durch die Anzahl der Hörner unterscheiden (unicornis = einhörnig; bicornis = zweihörnig).

Bei einigen der heute bekannten lebenden Nashornarten werden Unterarten unterschieden. So wird beispielsweise das Breitmaulnashorn in zwei Unterarten untergliedert, das Nördliche Breitmaulnashorn und das Südliche Breitmaulnashorn. Von der nördlichen Unterart gibt es jedoch nur noch zwei Weibchen. Vom Spitzmaulnashorn unterscheiden Wissenschaftler sogar acht Unterarten, von denen jedoch fünf schon ausgestorben sind. Vom Java-Nashorn wurden drei Unterarten beschrieben, von denen bereits zwei ausgestorben sind, und vom Sumatra-Nashorn kennt man ebenfalls drei Unterarten, von denen eine schon ausgestorben ist.

Die ältesten Darstellungen

Es gibt Fels- und Höhlenmalereien mit Nashorndarstellungen die sehr alt sind. Manche dieser Malereien werden auf etwa 14 000 Jahre geschätzt. Hauptsächlich sind darauf Abbildungen der heute ausgestorbenen Wollnashörner zu sehen.

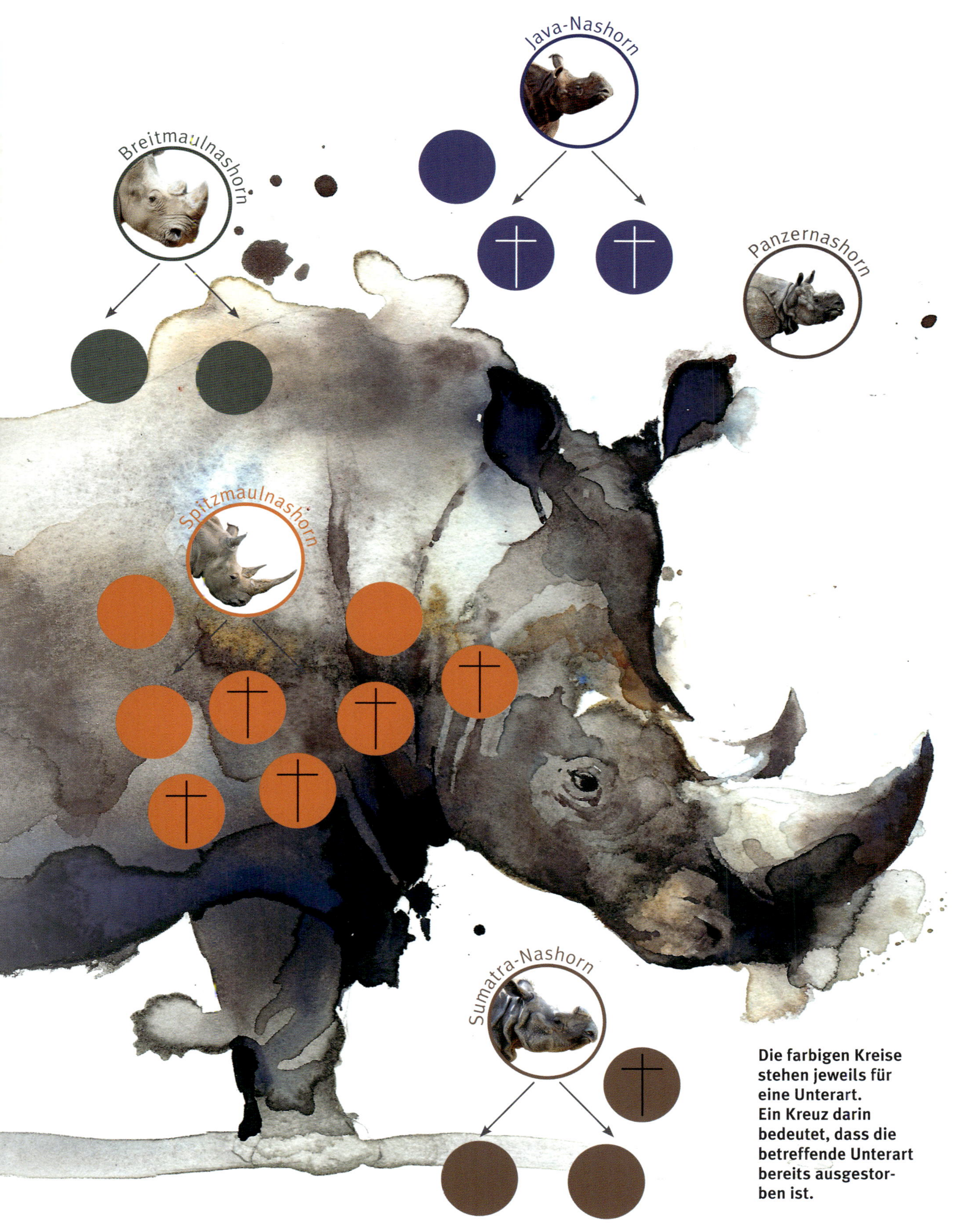

Die farbigen Kreise stehen jeweils für eine Unterart. Ein Kreuz darin bedeutet, dass die betreffende Unterart bereits ausgestorben ist.

Die Größten und die Kleinsten

Unter den Nashörnern werden Breitmaulnashörner und Panzernashörner am größten. Die kleinste Art ist das Sumatra-Nashorn, das nur ein Gewicht zwischen 600 und 950 Kilogramm erreicht.

Nashörner sehen nicht besonders gut

Kurzsichtige „Wuchtbrummen“

Einige Nashornarten erreichen ein Körpergewicht bis zu 3 600 Kilogramm. Sie gehören somit neben den drei Elefantenarten (Steppenelefant, Waldelefant, Asiatischer Elefant) zu den größten Landwirbeltieren.

Je nach Art erreichen Nashörner eine Schulterhöhe von bis zu 1,90 Meter. Kleinere Vertreter werden nur 1,00 bis 1,20 Meter groß – wie groß bist Du? Lang werden die Tiere bis etwa 3,80 Meter, wobei der Schwanz hier nicht mitgerechnet ist. Dieser kann je nach Art eine Länge zwischen 40 und 60 Zentimeter aufweisen.

Ein 1,90 Meter großer Mensch erreicht die Schulterhöhe der größten Nashörner

Die Haut der Nashörner ist bräunlich grau und wirkt dick und borstig, ähnlich wie die Haut eines Elefanten. So richtig behaart sind Nashörner nur an der Schwanzspitze, den Augenwimpern und an den Spitzen der Ohren. Die Nashornart mit der dichtesten Behaarung ist das Sumatra-Nashorn.

Der Körperbau der wuchtigen Tiere ist sehr stämmig, mit kurzen Beinen, einem dicken Bauch und einem Hohlkreuz – das bedeutet, der Rücken hängt sozusagen durch. Der Kopf der Tiere ist in Richtung des Bodens gerichtet. Das ist eine körperliche Anpassung, die es den Nashörnern erleichtert, ihre Nahrungspflanzen zu erreichen.

Die Haut des Panzernashorns ist sehr wellig (links), das Sumatra-Nashorn ist am stärksten behaart (rechts)

Obwohl sie nicht unmittelbar verwandt sind, teilen Nashörner und Elefanten viele Merkmale. Sehr ähnlich ist beispielsweise die Augenregion: oben Elefant, unten Nashorn

Ohren und Nase sind für Nashörner die wichtigsten Sinnesorgane

Obwohl der Kopf der Nashörner sehr groß ist, wirken die Augen und Ohren der Tiere verhältnismäßig klein und zum Rest des Körpers unproportioniert. Ihr Sehvermögen ist relativ schlecht, sie sind erheblich kurzsichtig: Nur etwa 40 Meter weit können Nashörner sehen.

Ohren und Nase funktionieren dafür umso besser und sind für die Nashörner außerordentlich wichtig. Die Tiere hören und riechen hervorragend! Wie ganz zu Anfang in diesem Buch schon erwähnt, gehören Nashörner zu den sogenannten Unpaarhufern, wie auch Pferde, Tapire und Elefanten. Jedes Bein verfügt über drei kräftige Zehen, von denen die mittlere am stärksten und dicksten ausgeprägt ist.

Von Bullen und Kühen

Sicher hast Du schon gehört, dass bei vielen Tierarten Männchen und Weibchen jeweils unterschiedlich genannt werden, zum Beispiel Eber und Sau oder Erpel und Ente. Bei Nashörnern heißen die erwachsenen Männchen Bulle, die Weibchen Kuh. Jungtiere bezeichnet man als Kalb.

Nashornkühe bleiben übrigens etwas kleiner als Bullen.

Das Panzernashorn

Das Panzernashorn ist die größte asiatische Nashornart. Bullen können eine Schulterhöhe von bis zu 1,90 Meter und eine Länge bis zu 3,80 Meter erreichen. Mit durchschnittlich 2 200 Kilogramm Gewicht (ein Bulle wurde sogar 2 800 Kilogramm schwer) gehören die Männchen wahrhaftig zu den Schwergewichten. Kühe bleiben mit durchschnittlich 1 600 Kilogramm etwas leichter.

Das Panzernashorn trägt ein einzelnes Nasenhorn. Die Tiere leben bevorzugt allein. Nur während der Paarungszeit kann man erwachsenen Panzernashörnern in Gesellschaft begegnen.

Nashornbullen beanspruchen große Reviere für sich, die eine Fläche von bis zu acht Quadratkilometern aufweisen können. Die kleineren Reviere der Nashornkühe überschneiden sich in der Regel mit den Reviergrenzen der Bullen.

Panzernashörner kommen in Bhutan, Pakistan, Bangladesch, dem Süden Nepals und in den indischen Bundesstaaten Westbengalen und Assam vor. Dort bewohnen sie Sümpfe, Trocken- und Savannenwälder, Überflutungsgebiete, Flussdeltas und Landschaften mit hohem Graswuchs. Die Tiere sind bevorzugt in der Dämmerung und in der Nacht aktiv.

Das Panzernashorn ist mit einer Schulterhöhe von bis zu 1,90 Metern die größte Nashornart Asiens

Typisch für das Panzernashorn ist die faltenreiche Haut, die aussieht, als bestünde sie aus einzelnen Panzerplatten

Westbengalen
(indischer Bundesstaat)

Süd-Nepal

Bangladesch

Pakistan

Bhutan

Assam
(indischer Bundesstaat)

Wieso trägt das Panzernashorn eigentlich seinen Namen? Ganz einfach: Die Tiere sehen aus, als würden sie eine übergroße Ritterrüstung tragen, die man auch Panzer nennt. Dieser Eindruck entsteht durch die bis zu vier Zentimeter dicke, warzige Haut, die tiefe Falten und Lappen aufweist. Selbst der Schwanz der Tiere liegt zwischen zwei dicken Falten verborgen.

Schon die kleinen Panzernashörner besitzen die typischen Hautfalten

Von den Panzerplatten einer Ritterrüstung erhielt das Panzernashorn seinen Namen

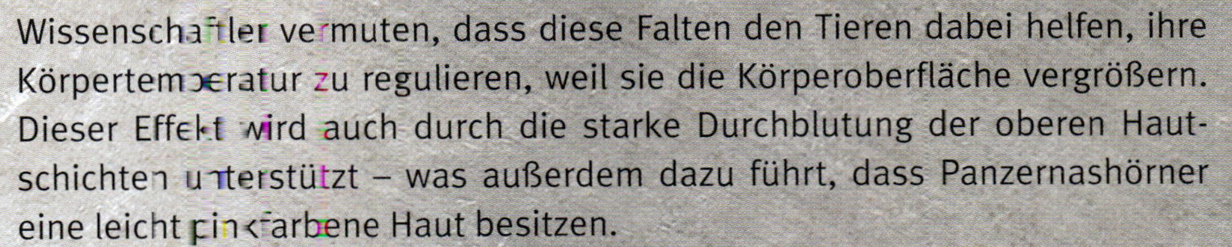

Wissenschaftler vermuten, dass diese Falten den Tieren dabei helfen, ihre Körpertemperatur zu regulieren, weil sie die Körperoberfläche vergrößern. Dieser Effekt wird auch durch die starke Durchblutung der oberen Hautschichten unterstützt – was außerdem dazu führt, dass Panzernashörner eine leicht pinkfarbene Haut besitzen.

Bis über die Oberschenkel erstreckt sich die dicke „Panzerplattenhaut"

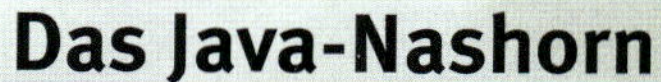

Das Java-Nashorn

Das Java-Nashorn ist das seltenste Nashorn dieser Erde und sehr eng mit dem Panzernashorn verwandt. Es lebt heute leider nur noch an der Westspitze von Java, einer der vier Hauptinseln des asiatischen Landes Indonesien. Java-Nashörner leben sehr versteckt, gelten als Einzelgänger und bewohnen hauptsächlich Regenwälder. Sie sind nachtaktiv.

Die Schulterhöhe der Java-Nashörner kann bis zu 1,70 cm betragen, wobei sie eine Länge von bis zu 3,40 m erreichen können. Die Nashornkühe bleiben etwas kleiner. Java-Nashörner können bis zu 1900 Kilogramm Gewicht auf die Waage bringen und besitzen ein einzelnes Nasenhorn. Die Tiere verfügen, wie auch das indische Panzernashörner, über Hautlappen und Hautfalten, die jedoch nicht so extrem ausgeprägt ausgebildet sind wie beim Panzernashorn. Die Reviergröße eines einzelnen Java-Nashornbullen kann bis über 18 Quadratkilometer betragen. Die Reviere der Java-Nashornkühe sind kleiner und überlappen an den Reviergrenzen mit denen der Bullen.

Im dichten Dschungel fühlt sich das Java-Nashorn sicher

Großteils ausgerottet

Auf dem gesamten asiatischen Festland wurde das Java-Nashorn bereits ausgerottet. Der aktuelle Bestand der Tiere wird auf nur noch rund 60 Exemplare geschätzt. Zu den ehemaligen Verbreitungsgebieten gehörten Teile Malaysias, Indochinas, Indonesiens, Bangladeschs, Sumatras und Vietnams.

Java-Nashörner sind hervorragende Schwimmer

Das Sumatra-Nashorn

Das Sumatra-Nashorn ist die kleinste und ursprünglichste der fünf noch lebenden Nashornarten. Die Schulterhöhe beträgt bei Bullen maximal etwa 1,40 Meter, bei einer Körperlänge von höchstens 3,20 Meter. Das Gewicht erwachsener Tiere liegt zwischen 500 und 800 Kilogramm. Auch bei den Sumatra-Nashörnern bleiben die Kühe im Vergleich zu den Bullen etwas kleiner und zierlicher.

Sumatra-Nashörner sind Waldbewohner

Unten: Nur selten bekommt man noch eines der extrem bedrohten Tiere zu Gesicht

Die Tiere besitzen zwei Nasenhörner. Eine Besonderheit des Sumatra-Nashorns ist die relativ dichte Körperbehaarung. Aufgrund dieses Merkmals und weiterer Ähnlichkeiten geht man davon aus, dass das Sumatra-Nashorn eng mit dem eiszeitlichen Wollnashorn verwandt ist. Heute kommt das Sumatra-Nashorn nur noch auf der indonesischen Insel Sumatra vor. In der Vergangenheit war sein Verbreitungsgebiet viel größer und reichte von Bhutan über Bangladesch und Myanmar bis zur Malaiischen Halbinsel, zudem umfasste es neben der Insel Sumatra auch Borneo. Der Bestand wird aktuell auf weniger als 200 Tiere geschätzt! Haupursachen für das Verschwinden des Sumatra-Nashorns in weiten Teilen des Verbreitungsgebietes sind intensive Bejagung und die Zerstörung des Lebensraumes – unter anderem, um Ölpalmplantagen anzulegen.

Sumatra-Nashörner sind überwiegend dämmerungs- und nachtaktive Einzelgänger. Männchen beanspruchen im Vergleich zu den beiden anderen asiatischen Nashornarten riesige Reviere, die bis zu 50 Quadratkilometer groß sein können. Die Reviere der weiblichen Sumatra-Nashörner sind wesentlich kleiner als die der Bullen. Grenzüberschreitungen der Reviere sind für Sumatra-Nashornbullen kein Problem, wobei aber der innerste Bereich des Reviers ausgenommen wird. Betritt ihn dennoch ein Konkurrent, werden die Bullen richtig sauer! Weibchen dulden sie nur während der Paarungszeit längerfristig in ihrer Nähe.

Raufbolde

Bullen sind untereinander absolut unverträglich, und es kommt zu schlimmen Auseinandersetzungen, wenn sich zwei Kontrahenten in die Quere geraten.

Das Spitzmaulnashorn

Das Spitzmaulnashorn, gelegentlich auch Schwarzes Nashorn genannt, ist um einiges kleiner als das Breitmaulnashorn und gilt als deutlich aggressiver. Die Tiere werden bis zu 3,50 Meter lang und können eine Schulterhöhe von bis zu 1,60 Meter erreichen. Sie bringen maximal 1 400 Kilogramm auf die Waage. Kühe bleiben kleiner und zierlicher als Bullen.

Die Tiere haben zwei Hörner, von denen das vordere viel länger wird. Durchschnittlich werden die vorderen Hörner etwa 50 cm lang, es kann jedoch auch deutlich mehr sein: Ein besonders langes Horn erreichte eine Gesamtlänge von mehr als 130 cm! Spitzmaulnashörner sind streng territorial, was bedeutet, dass sie ihr Revier verteidigen, also das Gebiet, in dem sie jeweils leben. Die Reviergrößen reichen bis zu 40 Quadratkilometer – das entspricht einer Fläche von fünfeinhalbtausend

Das vordere Horn kann unglaubliche 1,30 Meter lang werden! Zum Vergleich - wie groß bist Du?

Hier siehst Du die spitz zulaufende Oberlippe, der das Spitzmaulnashorn seinen Namen verdankt

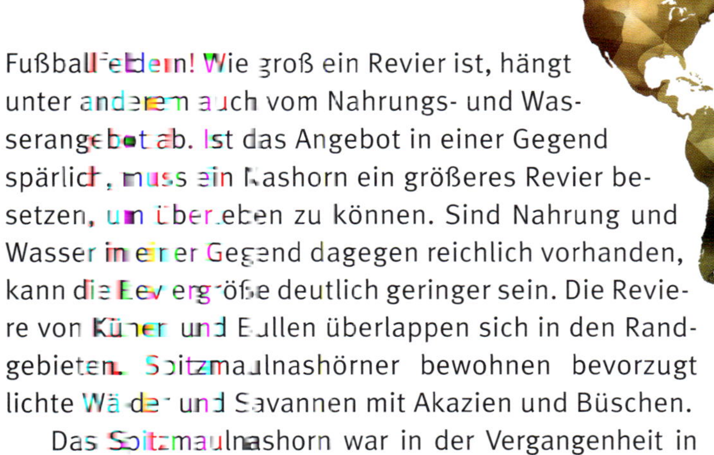

Fußballfeldern! Wie groß ein Revier ist, hängt unter anderem auch vom Nahrungs- und Wasserangebot ab. Ist das Angebot in einer Gegend spärlich, muss ein Nashorn ein größeres Revier besetzen, um überleben zu können. Sind Nahrung und Wasser in einer Gegend dagegen reichlich vorhanden, kann die Reviergröße deutlich geringer sein. Die Reviere von Kühen und Bullen überlappen sich in den Randgebieten. Spitzmaulnashörner bewohnen bevorzugt lichte Wälder und Savannen mit Akazien und Büschen.

Das Spitzmaulnashorn war in der Vergangenheit in Afrika südlich der Sahara mit insgesamt acht Unterarten weit verbreitet. Heute existieren nur noch drei Unterarten, die in Kenia, Tansania, Südafrika, Namibia, Simbabwe und Swasiland verbreitet sind.

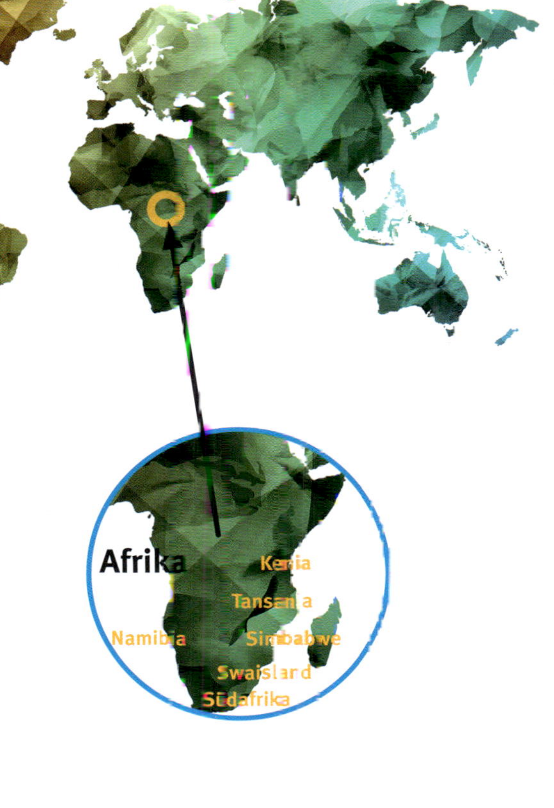

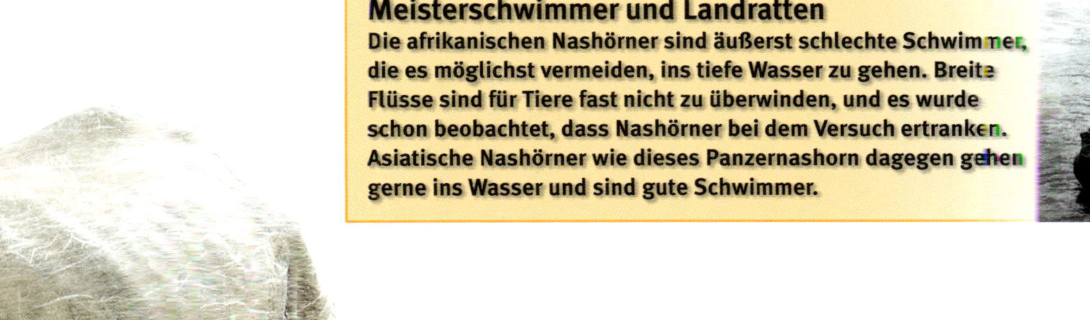

Meisterschwimmer und Landratten

Die afrikanischen Nashörner sind äußerst schlechte Schwimmer, die es möglichst vermeiden, ins tiefe Wasser zu gehen. Breite Flüsse sind für Tiere fast nicht zu überwinden, und es wurde schon beobachtet, dass Nashörner bei dem Versuch ertranken. Asiatische Nashörner wie dieses Panzernashorn dagegen gehen gerne ins Wasser und sind gute Schwimmer.

Das Breitmaulnashorn

Mit seinem breiten Maul kann das Breitmaulnashorn sehr gut selbst kurze Pflanzen abweiden

Das Breitmaulnashorn ist die größte heute noch lebende Nashornart. Erwachsene Männchen können bis zu 3 500 Kilogramm schwer werden und erreichen eine Gesamtlänge von bis zu 4,20 Metern – dabei ist der 50 bis 70 cm lange Schwanz nicht mitgemessen. Hole Dir doch mal ein Maßband oder einen Meterstab und miss 4,20 Meter ab – kaum zu glauben, dass ein Nashorn so riesig werden kann, oder? Die Schulterhöhe dieser Giganten beträgt bei ausgewachsenen Tieren zwischen 150 und 190 Zentimetern.

Mittagsschläfchen

Aktiv sind die Tiere immer wieder sowohl tagsüber als auch in der Dämmerung und nachts. Die große Mittagshitze verschlafen sie jedoch gerne im Schatten.

Vom Breitmaulnashorn werden zwei Unterarten unterschieden, das Nördliche Breitmaulnashorn und das Südliche Breitmaulnashorn. Die nördliche Unterart war südlich der Sahara im südlichen Tschad, Süd-Sudan, in der Zentralafrikanischen Republik, in der Demokratischen Republik Kongo und in Uganda beheimatet. Leider ist diese Unterart heute in freier Natur ausgerottet, und auch in der Obhut des Menschen gibt es nur noch zwei Tiere, beides Kühe. Damit ist das Nördliche Breitmaulnashorn das am stärksten gefährdete Großsäugetier der Welt und steht unmittelbar vor der völligen Ausrottung.

Die südliche Unterart des Breitmaulnashorns lebt im südlichen Afrika. Man schätzt, dass es heute wieder etwa 20 000 Exemplare dieser majestätischen Tiere gibt. Das Südliche Breitmaulnashorn war vor etwa 125 Jahre schon fast ausgestorben, damals lebten nur noch 20 bis 50 Tiere in Hluhluwe und Umfolosi in der südafrikanischen Provinz Natal. Erst nachdem diese Gebiete im Jahr 1895 unter Schutz gestellt worden waren, konnte sich der Bestand bis 1970 auf etwa 2 000 Tiere stabilisieren. Um 1990 wurden etwa 6 000 Tiere gezählt, die sich bis 2010 auf rund 20 000 Nashörner vermehren konnten.

Die Reviere der Bullen sind zwischen etwa 2 und 12 Quadratkilometer groß, diejenigen der Weibchen sind mit etwa 15 bis 25 Quadratkilometer erheblich umfangreicher. Breitmaulnashörner sind nicht so streng territorial wie andere Nashornarten. Nur erwachsene Bullen leben als Einzelgänger, während halbwüchsige Bullen durchaus auch in kleineren Gruppen zusammenleben. Kühe und ihre Kälber bilden Gruppen mit bis zu 14 Tieren. Bullen dulden auch mehrere Weibchen in ihren Revieren.

Gar nicht schwarzweiß

Das Spitzmaulnashorn wird auch Schwarzes Nashorn genannt, das Breitmaulnashorn auch Weißes Nashorn. Allerdings lassen sich die beiden Arten anhand ihrer Färbung gar nicht unterscheiden – sie sind also weder weiß noch schwarz.

Die Bezeichnung „Weißes Nashorn“ ist nämlich ein Übersetzungsfehler und hat nichts damit zu tun, dass das Breitmaulnashorn schneeweiß gefärbt wäre. Die ursprünglich aus den Niederlanden stammenden Buren im südlichen Afrika bezeichneten das Maul des Breitmaulnashorns als „wijde“, das bedeutet „breit“. Die Engländer übersetzten dieses „wijde“ jedoch mit „white“ (= weiß). So entstand der englische Name „White Rhino“, der dann als „Weißes Nashorn“ ins Deutsche übersetzt wurde.

Nashörner sind reine Pflanzenfresser

Unten:
Manchmal nehmen Nashörner an bestimmten Stellen Erde auf, da sie die darin enthaltenen Mineralstoffe benötigen

Absolute Vegetarier

Nashörner sind reine Vegetarier, sie ernähren sich also ausschließlich von pflanzlicher Nahrung. Es gibt bei ihnen allerdings zwei unterschiedliche Ernährungstypen, zum einen die sogenannten „browser" (sprich: brauser) und zum anderen die „grazer" (sprich: gräjser). Während die „browser" vor allem weiche Blätter, Äste, Zweige, Knospen und Früchte bevorzugen, ernähren sich „grazer" fast ausschließlich von Grasnahrung.

Von den heute noch existierenden Nashornarten werden Sumatra-Nashorn, Java-Nashorn und Spitzmaulnashorn als „browser" bezeichnet, während das Breitmaulnashorn die einzige als „grazer" charakterisierte Art ist. Das Panzernashorn nimmt eine Zwischenstellung ein, da es sich einen Teil des Jahres von Gräsern (überwiegend einer wilden Zuckerrohrart) ernährt, zu anderen Zeiten aber überwiegend Blattwerk und sogar Wasserpflanzen aufnimmt.

Die unterschiedlichen Ernährungstypen bei Nashörnern lassen sich auch an den körperlichen Merkmalen der einzelnen Arten unterscheiden. Das Breitmaulnashorn verfügt über ein deutlich verlängertes Hinterhaupt, sodass die Tiere problemlos mit dem breiten, nach unten gerichteten Maul den Boden erreichen können. Sie nutzen ihr Maul mit den groben, wulstartigen Lippen wie einen Rasenmäher, um Gräser abzuweiden.

Die vier übrigen Arten besitzen ein spitzes Maul, das mit mehr oder weniger ausgeprägten Greiflippen ausgestattet ist. Sie pflücken damit gewissermaßen Blätter, Knospen und Früchte von Büschen und Bäumen.

Um ihren schweren und massigen Körper ausreichend mit Energie zu versorgen, müssen Nashörner in der Natur den Großteil des Tages damit zubringen, Nahrung zu suchen und zu fressen. Breitmaulnashörner beispielsweise verbringen etwa den halben Tag mit der Futteraufnahme.

Das Spitzmaulnashorn kann mit seiner spitzen Oberlippe Pflanzen regelrecht ergreifen und pflücken

Ein Burger für Nashörner müsste rein pflanzlich sein ...

Die täglich benötigte Futtermenge beträgt bei allen Nashornarten je nach Energiegehalt der Futterpflanzen etwa 1,0 bis 1,8 Prozent der Körpermasse – bei einem Nashorn mit einem Körpergewicht von 1 800 Kilogramm sind dies täglich zwischen 18 und etwa 33 Kilogramm Futter. Zum Vergleich: Wie schwer bist Du denn?

Nashörner benötigen aber nicht nur ausreichend Pflanzennahrung, um ihren Körper mit allen wichtigen Nährstoffen, Mineralstoffen, Vitaminen und Spurenelementen zu versorgen. Die Tiere suchen gezielt Stellen auf, an denen sie Mineralsalze aus dem Boden aufnehmen können – in der Regel sind dies die Randbereiche von Wasserstellen. Sie suchen an diesen Plätzen gezielt Salze, indem sie den Boden mit den Hufen oder den Hörnern freischarren.

Nützliche Bakterien

Pflanzen bestehen zu einem großen Teil aus Zellulose, die schwer zu verdauen ist. Um die in ihrer Nahrung vorhandene Zellulose aufschließen und verwerten zu können, besitzen Nashörner im Magen-Darm-Trakt Bakterien, die ihnen dabei helfen. Diese Bakterien fehlen Nashornbabys noch und werden von diesen aufgenommen, indem sie Kot der Mutter fressen. Das klingt für Dich sicher ekelig, aber für die Nashörner ist das nicht nur ganz natürlich, sondern sogar überlebenswichtig.

Salz aus dem Meer

Nashörner benötigen neben ihrer Pflanzennahrung zusätzlich Mineralsalze, die sie normalerweise aus dem Boden aufnehmen. In manchen Regenwaldgebieten ist Salz jedoch Mangelware. So leben beispielsweise Java-Nashörner auch in Gebieten, in denen es keine Salze und Mineralstoffe im Boden gibt. Dieses Problem lösen die Tiere, indem sie von Zeit zu Zeit ein wenig Meerwasser trinken! Clever, oder?

Eimerweise Wasser!

Nashörner trinken am liebsten täglich. Während Dürre- und Trockenzeiten kann ein Nashorn jedoch auch zwei bis vier Tage ohne Wasser auskommen. Ein erwachsenes afrikanisches Nashorn benötigt im Normalfall allerdings pro Tag etwa 150 Liter Wasser – das entspricht 15 normal großen Eimern!

Wo die kleinen Nashörner herkommen

Bei Nashörnern treffen sich in der Natur Männchen und Weibchen nur zur Paarung. Außerhalb der Paarungszeit sind die Tiere Einzelgänger, oder es finden sich kleine Gruppen von Tieren zusammen, die jeweils dasselbe Geschlecht haben.

Wie aber finden sich die fortpflanzungsbereiten Tiere zur Paarungszeit? Eines ist sicher: Der Geruch spielt dabei eine wichtige Rolle! Werden Nashornkühe brünftig, das bedeutet, dass sie empfängnisbereit sind, dann verändert sich der Geruch ihres Urins. Diese Geruchssignale werden von den Bullen in der Umgebung über große Entfernungen wahrgenommen.

Die Bindung zwischen dem Jungtier und seiner Mutter ist sehr eng

Die Balz, also die Werbung der Bullen um die Kühe, kann einige Tage dauern. Bullen jagen einander in dieser Zeit gegenseitig und führen Scheingefechte mit den Nasenhörnern aus. Jedes Männchen möchte sich das Recht zur Paarung mit der Nashornkuh erkämpfen und versucht, sich beim Weibchen als stark und mächtig zu präsentieren. Es kann auch zu Kämpfen zwischen dem Bullen und der Kuh kommen. Ernsthafte Beschädigungskämpfe während der Balz wurden vor allem bei den asiatischen Arten beobachtet.

Weibchen von Spitzmaulnashorn, Breitmaulnashorn und Panzernashorn pflanzen sich meist im Alter zwischen sechs und sieben Jahren zum ersten Mal fort. In Zoos konnte jedoch auch schon beobachtet werden, dass Panzernashörner und Breitmaulnashörner bereits im Alter zwischen drei und vier Jahren Nachwuchs bekamen.

Für Weibchen von Java-Nashorn und Sumatra-Nashorn ist das Alter, in dem die Tiere sich erstmals fortpflanzen, bis heute unbekannt.

Bei den Männchen kann es in der Natur 13 bis 15 Jahren dauern, bis die Tiere sich erstmals fortpflanzen. Beim Panzernashorn ist nachgewiesen, dass Jungbullen sich gegen die Konkurrenz der älteren und erfahrenen Bullen nicht durchsetzen können und daher oft keine Chance zu einer Paarung mit einem Weibchen haben.

Ohne Horn

Nashornbabys werden ohne Nasenhorn geboren. Erst nach der Geburt beginnt das Horn auf der Nase zu sprießen. Bereits nach wenigen Wochen kann man einen kleinen Hornknubbel auf der Nase sehen, aus dem später das Horn wird.

Obwohl Nashornmilch wenig Fett enthält, wächst das Junge rasch heran

Nach einer Tragezeit von 15 bis 16 Monaten bringen Nashornweibchen ein, sehr selten zwei Jungtiere zur Welt. Bei reichlicher Versorgung mit Nahrung können die Kühe alle zwei bis drei Jahre ein Kalb gebären.

Die Jungtiere der großen Arten wiegen bei der Geburt zwischen etwa 40 und 64 Kilogramm, während Kälber des Sumatra-Nashorns nur etwa 33 bis 34 Kilogramm auf die Waage bringen. Junge Nashörner stehen meist innerhalb der ersten Lebensstunde auf ihren Beinen und laufen herum. Die Kälber suchen instinktiv in der Leistengegend der Mutter nach den Zitzen, um zu trinken.

Nashornmilch hat eine andere Zusammensetzung als beispielsweise Kuhmilch. Während frische Kuhmilch etwa 4,2 % Fett enthält, weist die Milch des Spitzmaulnashorns nur einen Fettgehalt von etwa 0,2 % auf.

Junge Nashörner nehmen etwa ein bis drei Kilogramm pro Tag an Körpergewicht zu. Um für dieses enorme Wachstum genügend Energie zu bekommen, trinken kleine Nashörner sowohl tagsüber als auch in der Nacht Milch. Schon im zweiten Lebensmonat beginnen kleine Breitmaulnashörner damit, etwas feste Nahrung wie Gras oder Heu aufzunehmen. Trotzdem werden sie von ihren Müttern noch bis zur Vollendung der ersten zwölf bis 18 Lebensmonate gesäugt und bleiben dann noch etwa zwei weitere Jahre bei der Mutter.

Die Bindung zwischen dem Jungtier und seiner Mutter ist sehr eng

Kampf der Giganten

Früher dachte man, Nashörner benötigten ihre Nasenhörner hauptsächlich, um sich damit gegen Feinde zu wehren oder um mit Artgenossen zu kämpfen. Heute wissen wir jedoch, dass das Nasenhorn für die Tiere auch eine Art Statussymbol ist: Je größer und beeindruckender das Horn, desto imposanter wirkt das Tier für mögliche Konkurrenten. Es kann also Artgenossen einschüchtern und beeindrucken. Drohgebärden wie ein energisches Kopfschütteln reichen dann oft bereits aus, um sich selbst, das Revier oder auch die Nahrung zu verteidigen.

Aber natürlich dient das mächtige Horn auch als perfektes Abwehrmittel gegenüber Angreifern oder Feinden. Wer traut sich da noch hin?

Darüber hinaus nutzen die Tiere ihre Hörner als Werkzeug, mit dem sie perfekt Äste und Buschwerk umknicken können, um leichter an Nahrung zu gelangen. Wenn alles zugewachsen ist, räumen Nashörner damit auch schon mal ihren Weg frei.

Bei afrikanischen Nashornarten sind die Hörner deutlich mächtiger ausgebildet als bei ihren asiatischen Vettern. Das Spitzmaulnashorn kann eine Hornlänge von bis zu 130 Zentimetern erreichen, während beim Breitmaulnashorn die Rekordlänge des Nasenhorns bei 158 Zentimetern. Und wie groß bist Du?

Bei den Asiatischen Arten sind die Hörner deutlich kürzer und erreichen durchschnittlich beim Panzernashorn nur etwa 20 bis 30, maximal 60 Zentimeter, beim Java-Nashorn 20 bis 27 Zentimeter und beim Sumatra-Nashorn 25 bis 80 Zentimeter Länge. Weibchen des Java-Nashorns haben sogar nur eine kleine, verhornte Erhöhung auf der Nase, manchmal nicht einmal das. Die Arten aus Asien verfügen zusätzlich jedoch über spitze, vergrößerte Schneidezähne im Unterkiefer, die sie ebenfalls als gefährliche Waffen einsetzen können.

Auch aufgrund ihrer großen Körpermasse und der damit verbunden Kraft sind Nashörner sehr wehrhafte Tiere. Aus diesem Grund sind sie immer daran interessiert, einen Kampf gegen Artgenossen zu vermeiden, da das Risiko recht hoch ist, durch das Horn oder durch die Hauer des Kontrahenten schwer verletzt zu werden.

Urin-Spray

Nashörner markieren ihre Reviere, indem sie gezielt an den Reviergrenzen Duftmarken in Form von Kot absetzen. Dabei ist sind afrikanische Nashörner immer bestrebt, ihren eigenen Kot über dem des Vorgängers abzusetzen und mit den Hinterbeinen plattzutreten. Bei asiatischen Nashörnern wird der Dung nicht plattgetreten, sondern sie legen Dunghaufen an.
Nashornbullen nutzen auch Urin, der an Reviergrenzen und Wanderrouten abgesetzt wird, als Duftmarke. Dabei können sie den Urin direkt nach hinten versprühen und mit diesem Spray den Boden oder auch Objekte wie Bäume und Steine einparfümieren.

Die langen Hörner sind
gefährliche Waffen

Wenn Nashörner kämpfen, bebt die Erde …

Flucht und Angriff

Über die Angriffslust von Nashörnern gibt es sehr viele Geschichten. Im Normalfall riecht ein Nashorn einen Menschen jedoch bereits aus weiter Entfernung, und es bevorzugt die Flucht anstelle eines Angriffs. Nur wenn man ein Nashorn überrascht und es keine Fluchtmöglichkeit mehr sieht, geht es zum Angriff über. Das allerdings kann dann natürlich extrem gefährlich sein.

Dies hat dazu geführt, dass Nashörner eine ganze Menge von Verhaltensweisen entwickelt haben, die es ihnen ermöglichen, Konflikte untereinander zu verhindern, bevor die Tiere sich überhaupt gegenüberstehen. So vermeiden sie beispielsweise durch die Bildung von Revieren, dass sie unvorbereitet auf Artgenossen treffen. An den Reviergrenzen legen Nashörner gemeinsame Dungplätze – sogenannte Latrinen – an, an denen die Bewohner benachbarter Reviere ihren Kot und Urin absetzen. Dadurch erhalten die anderen Tiere Informationen zum Geschlecht, einer etwaigen Fortpflanzungsbereitschaft – und sie stellen fest, dass Sie am Rand ihres eigenen Reviers angekommen sind. Die genannten Informationen erhalten die Tiere durch Geruchsstoffe, die sich im Dung, also im Kot, und im Urin befinden.

Solche Dunghaufen haben auf Nashörner eine sehr große Anziehungskraft. Selbst Tiere, die sich auf der Flucht befanden, wurden beobachtet, wie sie ihre Flucht unterbrachen und einen Dunghaufen ausgiebig untersuchten. Man kann sagen, dass Dunghaufen für Nashörner eine ähnliche Bedeutung haben wie eine Tageszeitung für uns Menschen. Man erfährt Neuigkeiten und ist dadurch in der Lage, auf die neue Lage angemessen zu reagieren.

Vorsicht, Feind!

Trotz ihrer Wehrhaftigkeit und Stärke haben Nashörner in der freien Wildbahn Feinde. Aufgrund ihrer Größe werden erwachsene Nashörner allerdings nicht oder nur sehr selten von anderen Tieren angegriffen. Es gibt jedoch einige Berichte, dass sowohl Spitzmaulnashörner als auch Breitmaulnashörner von Elefantenbullen angegriffen und getötet wurden. Solche Vorfälle ereigneten sich meistens an Wasserlöchern, die sowohl von Elefanten als auch von Nashörnern zum Trinken aufgesucht wurden.

Jungtiere der afrikanischen Arten hingegen haben eine höhere Wahrscheinlichkeit, von Beutegreifern wie Löwen, Wildhunden, Hyänen oder in seltenen Fällen auch großen Krokodilen angegriffen und erbeutet zu werden. Aus diesem Grund versuchen die Jungen immer, sich in der Nähe ihrer Mutter aufzuhalten, die dem Nachwuchs Schutz bietet.

So alt!

Nashörner erreichen in freier Wildbahn ein Alter von bis zu 40 Jahren. In Zoos können die Tiere etwas älter werden. Nashornkühe bringen bis ins hohe Alter Jungtiere zur Welt – aus der Natur gibt es Berichte, dass Nashornkühe bis ins Alter von 30 bis 35 Jahren Mütter werden können. Da Nashörner erst spät geschlechtsreif werden, eine lange Tragezeit haben und die Jungtiere relativ lange führen, kann eine Nashornkuh in ihrem Leben dennoch nur etwa zehn bis 15 Jungtiere zur Welt bringen

Allerdings lassen vor allem Kühe des Spitzmaulnashorns ihre Jungen gelegentlich für längere Zeit alleine, wenn sie zum Trinken Wasserlöcher aufsuchen. Dieses Verhalten ist wahrscheinlich eine Reaktion darauf, dass an den Wasserlöchern die Wahrscheinlichkeit, angegriffen zu werden, deutlich höher ist als im Busch. Vor allem Krokodile haben aus dem Wasser heraus gute Chancen, ein trinkendes Nashorn zu attackieren und zu erbeuten. Die Panzerechsen nähern sich lautlos und perfekt getarnt, packen Tier am Rand des Wassers in einem Überraschungsmoment am Maul und ziehen es ins Wasser.

Asiatische Nashörner haben als natürlichen Feind prinzipiell nur den Tiger zu fürchten. Dieser kann junge, verletzte oder kranke Tiere überwältigen. Der Angriff auf ein erwachsenes, gesundes Tier wäre jedoch viel zu riskant. Für alle Nashornarten ist aber der größte Feind der Mensch!

In seltenen Fällen werden Nashörner von Elefanten angegriffen und getötet

Wie Nashörner sich verständigen

Wie schon erwähnt, verfügen alle Nashornarten über schlechte Augen und nehmen ihre Umgebung nur in einer Entfernung von weniger als etwa 40 Metern einigermaßen scharf wahr. Um sich mit Artgenossen zu verständigen, verlassen sich die Tiere daher auf ihren Geruchsinn und auf ihre Ohren.

Dass sich Nashörner durch Geruchstoffe in ihrem Kot und in ihrem Urin Nachrichten übermitteln können, hast Du bereits im vorigen Kapitel gelesen. Darüber hinaus verfügen Nashörner jedoch auch über spezifische Geruchsdrüsen an ihren Fußsohlen. Die Geruchsstoffe, die von diesen Drüsen abgegeben werden, übermitteln beispielsweise Informationen darüber, ob das betreffende Tier gerade bereit zur Fortpflanzung ist.

Kaum erforscht

Während man von Panzernashorn, Spitzmaulnashorn, Breitmaulnashorn und Sumatra-Nashorn unterschiedliche Laute kennt, wissen wir fast nichts über die Lautäußerungen des Java-Nashorns. Solltest Du später einmal Nashorn-Forscher werden, kannst Du also noch herausfinden, mit welchen Lauten diese Art sich verständigt.

Für Menschen nicht hörbar

Wie auch bei Elefanten gibt es zumindest beim Breitmaulnashorn eine Verständigung in den Bereichen von Ultraschall und Infraschall. Diese Schallbereiche sind für das menschliche Ohr nicht hörbar und werden von den Tieren über die Beine in den Boden abgeleitet. Im Boden können sich die Schallwellen über weite Strecken fortbewegen und werden von Artgenossen auch in größerer Entfernung wahrgenommen.

Mutter und Jungtier verständigen sich durch Duftstoffe und Lautäußerungen

Um Geruchsspuren aufzunehmen und zu verfolgen, benutzen Nashörner eine besondere Art des Riechens – sie flehmen. Nashörner verfügen wie viele andere Tiere auch über ein zusätzliches Geruchsorgan im Gaumendach. Dieses Organ wird Jacobsonsches Organ genannt. Flehmende Nashörner kannst Du daran erkennen, dass sie den Kopf leicht anheben, das Maul öffnen und die Oberlippe zurückziehen. Durch dieses Verhalten leiten sie Geruchstoffe aus der Luft an das Jacobsonsche Organ.

Auch akustisch verständigen sich Nashörner. Dazu verfügen sie über eine Reihe von Lautäußerungen, die sie zu unterschiedlichen Anlässen nutzen. Vom Panzernashorn sind beispielsweise mindestens zehn verschiedene Laute bekannt. Die Lautäußerungen des Spitzmaulnashorns sind prinzipiell sehr ähnlich, enthalten jedoch auch Laute, die man vom Panzernashorn nicht kennt. Beispielsweise gibt das Spitzmaulnashorn während eines Kampfes laute, aggressive Laute von sich, die sich wie ein Trompeten anhören.

Die Fähigkeit, Laute von sich zu geben, ist aber nur ein Teil der Geschichte. Nashörner haben sehr leistungsfähige Tütenohren, die sie unabhängig voneinander bewegen und drehen können. Auf diese Weise sind sie dazu in der Lage, ihre gesamte Umgebung nach Geräuschen abzusuchen, ohne ihren Kopf drehen zu müssen. Zudem lässt sich so perfekt herausfinden, woher ein bestimmtes Geräusch kommt.

Schlämmbäder helfen Nashörnern, sich von lästigen Parasiten zu befreien

Parasiten

Parasiten sind Tiere, die auf Kosten eines anderen Tieres leben. Sie holen sich von ihrem Wirtstier Nahrung und Schutz, geben jedoch nichts zurück. Der Parasit ernährt sich zusagen auf Kosten des Wirtstieres.

Plagegeister

In der Natur leiden Nashörner unter einer Vielzahl unterschiedlicher Parasiten. Je nachdem, wo diese Parasiten leben, unterscheidet man Innenparasiten und Außenparasiten. Zu den Außenparasiten zählen beispielsweise Zecken, Blutegel, Dasselfliegen und viele andere. Zu den Innenparasiten gehören etwa verschiedene Wurmarten, die im Magen-Darm-Trakt leben.

Alle Parasiten sind für das sogenannte Wirtstier (in unserem Fall das Nashorn) lästig, da sie einerseits durch von ihnen verursachte kleine Verletzungen Juckreiz und leichte Schmerzen verursachen. Vor allem aber schaden sie ihrem Wirt, indem sie ihm Energie rauben, beispielsweise in Form von Blut, Gewebe, aber auch aus dem Nahrungsbrei im Darm.

Nashörner sind daher bemüht diese Plagegeister wieder loszuwerden. Eine Maßnahme, Außenparasiten wirksam zu bekämpfen, ist das Wälzen im Matsch. Dadurch erzeugen die Nashörner eine dicke Schicht getrockneten Schlamms, der vorhandene Parasiten abtötet und den Neubefall zumindest eindämmt. Diese Maßnahme schützt das Nashorn jedoch nicht nur vor Außenparasiten, sondern auch vor zu intensiver Sonnenbestrahlung.

Die wichtigsten Helfer gegen Außenparasiten sind jedoch verschiedene Vogelarten, allen voran der Madenhacker, die auf den Nashörnern landen und sie nach Parasiten absuchen, um diese zu fressen.

Arznei aus der Natur

Was Innenparasiten angeht: Offenbar fressen Nashörner gezielt die Borke bestimmter Baumarten, um mithilfe chemischer Stoffe, die darin enthalten sind, Parasiten im Inneren ihres Körpers zu bekämpfen. Auch hier wieder: Ganz schön clever, oder?

Ein Vogel als Alarmanlage

Wie Du schon weißt, haben Nashörner sehr schlechte Augen und daher einen Nachteil, wenn es darum geht, Gefahren zu erkennen. Zwar können die Tiere diesen Nachteil teilweise durch ihr ausgezeichnetes Gehör und den feinen Geruchsinn ausgleichen, trotzdem nutzen sie gerne die Dienste eines kleinen Vogels: des Madenhackers.

Zwischen Madenhackern und Nashörnern entstand eine Zusammenarbeit, von der beide Tierarten einen Vorteil haben. Biologen nennen eine solche Beziehung „Symbiose“. Der Vogel erhält vom Nashorn Nahrung in Form von Hautparasiten, die er von der Körperoberfläche absammelt. Das Nashorn wird also von juckenden Parasiten befreit. Gleichzeitig zeigt der aufmerksame Vogel Gefahrensituationen an und warnt dadurch das Nashorn.

Allerdings gibt es auch Hinweise darauf, dass Madenhacker ständig in Wunden hacken, um diese offen zu halten, um dann Blut und Gewebe vom Wundrand zu fressen. Dann wäre er selbst (auch) ein Parasit.

Stark bedroht

Ein wichtiger Grund dafür, dass Unterarten des Nashorns bereits ausgestorben sind und dass andere Unterarten und Arten in starker Gefahr sind, für immer ausgelöscht zu werden, liegt in der Zerstörung ihres Lebensraums. Dadurch, dass der Mensch immer mehr Land für sich selbst benötigt, werden Wildnisgebiete, in denen große Wildtiere wie Nashörner genügend Platz und Nahrung finden, immer seltener. Es gibt in vielen Gebieten Afrikas und Asiens einfach nicht mehr genügend Raum für Nashörner und Co.!

Ein weiterer Grund ist die legale Jagd auf diese wunderbaren Tiere. Es gibt nämlich auch heute noch Menschen, die es toll finden, nach Afrika zu reisen, nur um ein Nashorn oder ein anderes bedrohtes Tier zu schießen. Diese Menschen tun dies wegen des „guten Gefühls" und um sich eine Trophäe des erlegten Tieres in die Wohnung zu stellen. Wir persönlich finden, dass diese Art der Jagd heute nicht mehr stattfinden sollte, sondern verboten gehört. Was meinst Du?

Leider werden auch heute noch Nashörner gewildert

Noch schlimmer als die Trophäenjagd ist jedoch die Wilderei. Durch Wilderer werden jedes Jahr viele Hunderte Nashörner getötet, und dies nur aus einem Grund: Die Wilderer möchten an das Horn der Nashörner gelangen, da dieses vor allem in Asien einen sehr großen Wert besitzt. Sie können es also für viel Geld verkaufen.

Um die Wilderei einzudämmen, gibt es speziell ausgebildetes Sicherheitspersonal, sogenannte Wildhüter, die sich um die Sicherheit und den Schutz der Tiere in den Schutzgebieten kümmern.

In manchen Gegenden – vor allem in Afrika – hat ein wahres „Wettrüsten" zwischen Wilderern und Wildhütern stattgefunden. So gibt es mittlerweile Einheiten von Wildhütern, die mit automatischen Sturmgewehren ausgestattet sind und ein militärisches Training absolviert haben. Die letzten Nördlichen Breitmaulnashörner haben sogar eigene bewaffnete „Bodyguards", Leibwächter, die in Sichtweite jeden einzelnen Tieres Wache halten.

Trotz all dieser Maßnahmen ist es leider nicht gelungen, die Anzahl gewilderter Nashörner in den letzten Jahren zu verringern. Die Menge geschossener Breitmaulnashörner und Spitzmaulnashörner steigt leider seit etwa zehn Jahren sogar ständig an.

Aber nicht nur Nashörner müssen in diesem Kampf gegen die Wilderei ihr Leben lassen, es sterben leider auch regelmäßig Wildhüter in der Ausübung ihrer Pflicht – denn es kommt zu Schusswechseln zwischen Wilderern und Wildhütern. Diese Männer und Frauen haben unseren größten Respekt verdient!

Auch Sumatra-Nashörner werden von bewaffneten Wildhütern beschützt

In manchen Regionen entfernen Wildhüter die Hörner unter Narkose, damit die Tiere nicht mehr das Ziel von Wilderern werden

In einigen Ländern wird versucht, den Wert von Nashörnern für Wilderer zu verringern, indem den Tieren die Hörner abgesägt werden. Dafür werden die Kolosse von Tierärzten in Narkose gelegt, und das Horn wird mit einer Säge abgetrennt. Diese Prozedur tut den Tieren nicht weh; es ist, als würdest Du Dir Haare oder Fingernägel schneiden. Wenn die Nashörner aus der Narkose erwachen, ist das Horn bis auf einen Stumpf abgesägt.

Das Kürzen der Hörner verringert zwar den Wert des Nashorns für den illegalen Handel, auf der anderen Seite fehlt den Tieren jedoch ein Körperteil, der beispielsweise im Sozialverhalten und als Waffe gegen natürliche Feinde eine Rolle spielt. So haben Forscher beobachtet, dass enthornte Weibchen

Dolchgriffe

In arabischen Ländern wurde früher der Griff von Dolchen oft aus dem Horn von Nashörnern hergestellt. Solche Waffen galten als äußerst wertvoll und waren als Statussymbol der Männer im Jemen und Oman sehr begehrt. Heute werden Dolchgriffe fast immer aus anderen Materialien gefertigt, beispielsweise Hörnern von Nutztieren.

mehr Jungtiere an Löwen und andere Raubtiere verlieren als Nashornmütter mit kompletten Hörnern. Daher ist diese Vorgehensweise vom biologischen Standpunkt aus nicht zu befürworten.

Da das Horn mit einer Geschwindigkeit von etwa 7 bis 10 Zentimetern pro Jahr nachwächst, ist die beschriebene Methode, die Nashörner zu schützen, zudem nicht nachhaltig.

Wilderei ist mittlerweile nicht mehr auf Afrika oder Asien beschränkt. Im Frühjahr 2017 wurde in einem Zoo in Frankreich ein Nashornbulle während der Nacht erschossen und das Horn abgesägt und entwendet. Einbrüche und Diebstähle von Hörnern gab es in den vergangenen Jahren auch in europäischen Naturkundemuseen.

Diese enthornten Breitmaulnashörner sind für Wilderer uninteressant

Nashörner in zoologischen Gärten

In Zoos und Safari-Parks kannst auch Du die faszinierenden Kolosse beobachten

Nashörner werden bereits seit vielen Jahrzehnten in zoologischen Gärten gepflegt. Während die Tiere früher hauptsächlich zur Belustigung der Besucher gehalten wurden und die Lebensbedingungen für die Tiere nicht optimal waren, hat sich die Situation heute grundlegend geändert. Zunächst bestand die Herausforderung darin, die Tiere langfristig gesund und am Leben zu erhalten. Das Wissen über die Tiere und ihre artgerechte Pflege war noch nicht vorhanden und musste erst entwickelt werden.

Zoos tun heute viel für eine artgerechte Nashornhaltung, und die Haltungsbedingungen werden stetig überprüft und verbessert. Die Gestaltung der Gehege ist im Gegensatz zur Vergangenheit großzügig, abwechslungsreich und naturnah. Zoos haben im Lauf der Jahre einen großen Beitrag zum aktuellen Wissensstand über Nashörner geleistet. Die erworbe-

nen Daten werden dazu verwendet, den Schutz der Tiere in freier Wildbahn ständig zu erhöhen.

Neben der Forschung und dem Artenschutz spielt auch der Aspekt der Bildung für moderne Zoos eine große Rolle. Über informationsreiche Beschilderung können die Besucher Wissenswertes über die Tiere erfahren. Auf diese Weise soll ihnen die Problematik der von Ausrottung bedrohten Nashörner nahegebracht werden. Von den gesammelten Spendengeldern werden Artenschutzprojekte der Zoos im Ausland finanziert.

Heute gelten alle Nashornarten als stark bedroht. Aus diesem Grund haben sich Zoos weltweit zusammengetan, um für die von ihnen gepflegten Nashörner koordinierte Zuchtprojekte aufzubauen. In Europa gibt es für das Spitzmaulnashorn, das Breitmaulnashorn und das Panzernashorn Erhaltungszuchtprogramme (sogenanntes EEP = Europäisches Erhaltungszuchtprogramm). Wenn Du einen Zoo besuchst, unterstützt Du damit auch die Bemühungen der Zoos um den Erhalt der Nashörner.

Oben: Zoos kümmern sich um die Nachzucht bedrohter Arten. Hier siehst Du eine Pflegerin mit einem Panzernashorn-Baby

Großes Nashorn-

Du weißt jetzt sehr viel über Nashörner, ja, Du bist ein richtiger Experte auf diesem Gebiet geworden! Hast Du Lust, einmal ausprobieren, was Du Dir alles gemerkt hast? Kreuze bei jeder Frage ein Kästchen mit dem Bleistift an und schau am Schluss auf Seite 64 nach, ob Du richtig getippt hast. Manchmal sind auch mehrere Antworten korrekt. Viel Spaß!

1. Wie viele Nashornarten gibt es?
a) 7 ❍
b) 25 ❍
c) 5 ❍

2. Wo leben Spitzmaulnashorn und Breitmaulnashorn?
a) in Afrika ❍
b) in Asien ❍
c) in Amerika ❍

3. Wie viele Hörner hat das Panzernashorn?
a) drei Hörner ❍
b) ein Horn ❍
c) zwei Hörner ❍

4. Welche Nashornart wird am größten?
a) Java-Nashorn ❍
b) Spitzmaulnashorn ❍
c) Breitmaulnashorn ❍

5. Wie heißt eine bekannte ausgestorbene Nashornart?
a) Wollnashorn ❍
b) Monsternashorn ❍
c) Nasotherium ❍

6. Aus welchem Material besteht das Horn der Nashörner?
a) Elfenbein ❍
b) Keratin ❍
c) Knochen ❍

7. Wovon ernährt sich das Breitmaulnashorn?
a) überwiegend von Gras ❍
b) von Früchten und Gemüse ❍
c) von Zweigen ❍

8. Wie alt kann ein Panzernashorn werden?
a) 13 Jahre ❍
b) über 60 Jahre ❍
c) 45 Jahre ❍

9. Mit welchen Tierarten sind Nashörner verwandt?
a) Flusspferde ❍
b) Tapire und Pferde ❍
c) Elefanten ❍

10. Wie schwer kann ein erwachsenes männliches Panzernashorn werden?
a) 1 350 Kilogramm ❍
b) 2 800 Kilogramm ❍
c) 1 800 Kilogramm ❍

11. Wie gut können Nashörner sehen?
a) Sie sind stark kurzsichtig. ❍
b) Sie haben Adleraugen. ❍
c) Sie sind weitsichtig. ❍

12. Wodurch sind Nashörner bedroht?
a) durch die Zerstörung ihres Lebensraumes ❍
b) durch die Jagd ❍
c) durch Wilderei, um an das Nasenhorn zu gelangen ❍

13. Wie lange dauert die Trächtigkeit bei Nashörnern?

a) 9 bis 10 Monate .... ❍
b) 15 bis 16 Monate .... ❍
c) 23 bis 25 Monate .... ❍

14. Wie wird das Breitmaulnashorn gelegentlich auch genannt?

a) Schwarzes Nashorn .... ❍
b) Rotes Nashorn .... ❍
c) Weißes Nashorn .... ❍

15. Warum hat das Spitzmaulnashorn eine zu einem Greiffinger umgewandelte Oberlippe?

a) Um sich Pflanzenreste aus den Zähnen im Unterkiefer herauszukratzen. .... ❍
b) Um Blätter und Knospen von Bäumen und Büschen zu pflücken. .... ❍
c) Um sich Parasiten aus den Nasenlöchern zu holen. .... ❍

16. Wie schwer sind Sumatra-Nashörner bei der Geburt?

a) 15 bis 20 Kilogramm .... ❍
b) 80 bis 90 Kilogramm .... ❍
c) 33 bis 34 Kilogramm .... ❍

17. Wie bekämpfen Nashörner Außenparasiten?

a) durch Schlammbäder .... ❍
b) durch eine Symbiose mit Vögeln – vor allem dem Madenhacker .... ❍
c) durch Einreiben mit Pflanzensäften .... ❍

18. Wie schnell kann ein Nashorn laufen?

a) 100 bis 120 Kilometer pro Stunde .... ❍
b) Etwa 55 Kilometer pro Stunde .... ❍
c) 5 bis 10 Kilometer pro Stunde .... ❍

19. Zu welcher Tiergruppe gehören die Nashörner?

a) Paarhufer .... ❍
b) Unpaarhufer .... ❍
c) Teilhufer .... ❍

20. Welchen Beitrag leisten Zoos für Nashörner?

a) Sie erforschen die Tiere und sammeln so wichtige Erkenntnisse. .... ❍
b) Sie unterstützen Schutzprojekte und klären über die Bedrohung auf. .... ❍
c) Sie züchten bedrohte Nashornarten nach. .... ❍

Lösungen zum Nashorn-Quiz:

1) c: Es gibt fünf heute noch lebende Nashornarten.
2) a: Spitzmaul- und Breitmaulnashorn leben in Afrika.
3) b: Das Panzernashorn besitzt nur ein Horn.
4) c: Das Breitmaulnashorn ist der Riese unter den Nashörnern.
5) a: Das Wollnashorn ist eine bekannte Nashornart, die schon sehr lange ausgestorben ist.
6) b: Das Horn besteht aus Keratin, genau wie Deine Finger- und Zehennägel oder Haare.
7) a: Das Panzernashorn frisst vor allem Gras.
8) c: Panzernashörner werden maximal etwa 45 Jahre alt.
9) c: Die nächsten Verwandten der Nashörner sind Tapire und Pferde.
10) b: Ein erwachsener Bulle des Panzernashorns wird bis zu 2 800 Kilogramm schwer.
11) a: Nashörner sind sehr kurzsichtig.
12) a; b; c: Leider sind Nashörner durch Zerstörung ihres Lebensraums, Jagd und Wilderei bedroht.
13) b: Die Tragzeit ist je nach Art unterschiedlich lang, kann aber beispielsweise beim Sumatra-Nashorn 15 bis 16 Monate betragen.
14) c: Das Breitmaulnashorn wird manchmal auch Weißes Nashorn genannt.
15) b: Mit seiner fingerartigen Oberlippe kann sich das Spitzmaulnashorn Blätter und Knospen pflücken.
16) c: Ein frisch geborenes Sumatra-Nashorn wiegt „nur" etwa 33 bis 34 Kilogramm.
17) a; b: Außenparasiten bekämpfen Nashörner durch Schlammbäder und die Symbiose mit Vögeln wie dem Madenhacker.
18) b: Nashörner erreichen eine Geschwindigkeit von bis zu 55 Kilometern pro Stunde
19) b: Nashörner zählen zu den Unpaarhufern
20) a; b; c: Alle genannten Antworten sind richtig!

NTV

Entdecke die Reihe mit der Eule!

Entdecke die Eulen

Entdecke die Greifvögel

Entdecke die Rabenvögel

Entdecke die Spechte

Entdecke die Finken

Entdecke die Eisvögel

Entdecke die Zugvögel

Entdecke die Singvögel

Entdecke die Meisen

Entdecke die Kraniche

Entdecke die Störche

Entdecke die Möwen

Entdecke die Pinguine

Entdecke die Papageien

Entdecke die Kolibris

Entdecke die Fledermäuse

Entdecke die Hunde

Entdecke die Kühe

Entdecke die Pferde

Entdecke die Esel

Entdecke die Nagetiere

Entdecke die Igel

Entdecke die Waschbären

Entdecke die Biber

Entdecke die Wölfe

Entdecke die Tiger

Entdecke die Menschenaffen

Entdecke die Elefanten

Entdecke die Nashörner

Natur und Tier - Verlag GmbH
An der Kleimannbrücke 39/41 · 48157 Münster
Telefon: 0251 - 13339-0 · Fax: 0251 - 13339-33
E-Mail: verlag@ms-verlag.de · www.ms-verlag.de